AF267249
L42
16
189

QUELQUES RÉFLEXIONS

SUR LE

MOMENT PRESENT.

QUELQUES RÉFLEXIONS

SUR LE

MOMENT PRÉSENT.

PAR

CL. AL. MABRU,

L'un des Membres du Jury central d'Instruction publique du département du Puy-de Dôme.

PRAIRIAL AN SEPT.

QUELQUES RÉFLEXIONS

SUR

LE MOMENT PRÉSENT.

Prairial an 7.

LA rapidité des événemens qui se succèdent dans une révolution, doit étonner sans doute ceux qui n'en pouvant calculer la marche, peuvent encore moins en connoître les résultats. Aussi dans cette classe d'individus, voit-on abonder une multitude d'hommes qui, foibles par caractère, apathiques par tempérament, égoïstes par intérêt, se livrent à l'impulsion que la malveillance leur suggère, et deviennent par cela même plus dangereux encore que ceux dont les principes hautement prononcés, ne tendent qu'à faire écrouler l'édifice imposant sur lequel doivent immuablement s'établir le bonheur et la liberté des Français.

Quel est donc le vertige qui agite ces hommes assez ennemis d'eux-mêmes et de leurs semblables, pour s'applaudir impudemment des revers momentanés que la France a éprouvés dans une guerre aussi longue qu'opiniâtre; dans une guerre aussi juste que la cause en est belle, puisqu'elle a pour objet *la liberté*.

A 2

Hommes insensés ! vous ne voyez, vous n'appréciez les fléaux de la guerre que par le stérile récit des journaux que vous lisez. Eh! si vos familles, si vos propriétés étoient rapprochées de ce théâtre funeste, qu'il seroit différent le langage que vous parleriez ! loin de vous attrister des succès dont nous sommes redevables aux braves qui nous défendent, loin de vous défier de ceux qui les attendent encore, vous souririez à la victoire qui dans son attitude invariable a tendu, comme elle tend encore, ses bras pour ceindre leurs fronts de lauriers.

L'homme est esclave ou libre : quel que soit son état, il doit naturellement frémir au bruit des chaînes qu'on agite autour de lui. La différence qui le caractérise, peut aisément s'établir. L'esclave cède à la force et à la violence ; l'homme libre ne cède qu'à la justice et à la raison. La nature a créé tous les hommes égaux, le crime a fait les tyrans, et le besoin les esclaves.

C'est d'après ces principes puisés dans le code invariable de la nature, que nous avons reconquis nos droits depuis trop long-temps usurpés.

Je ne rappellerai point ici les différentes époques de la révolution ; les nuances qu'elle présente ; les orages qui en ont accéléré ou retardé la marche, les factions qui l'ont tourmentée, l'esprit de parti qui dans plusieurs circonstances l'a mise à son déclin, tout cela réuni, m'imposeroit une tâche trop au-dessus de mes forces,

pour oser l'entreprendre , et je me borne à calculer notre état présent.

De quelque côté qu'on porte ses regards , que
voit-on ? des mécontens. Quelle en est la cause ?
il n'est point d'homme éclairé qui ne la connoisse,
point d'homme de bonne foi qui n'en convienne.

Il est une remarque qui sans doute n'a pas
échappé à l'œil observateur de l'homme ami des
lois et de son pays, c'est que leurs ennemis déhontés se sont le plus généralement trouvés dans la
classe de ceux que la révolution a enrichis. Et
en effet , s'il étoit physiquement possible d'é-
tablir dans les assiettes d'une balance, les pa-
triotes d'un côté, et de l'autre ceux qui ne le sont
pas , on parviendroit sans peine à la preuve de
cette fâcheuse vérité. L'or qui , dit-on , est le
métal le plus pesant, ne donneroit point l'avantage de l'équilibre aux premiers , bien loin de là ;
et cette preuve acquise , leur est d'autant plus
précieuse , qu'elle suppose au moins le désinté-
ressement le plus louable , et le dévouement le
plus généreux.

Quels sont aujourd'hui les partisans, les appuis
les plus assurés de la révolution ? Je ne les dési-
gnerai pas , mais à quelques exceptions près , on
ne les trouvera pas dans ceux qui se sont enrichis
par l'effet d'un calcul de circonstances comman-
dées par la révolution ; on ne les trouvera pas
dans ceux qui, appelés à des fonctions éminentes ,
ou à des emplois lucratifs , savourent la quintes-

sence du produit des uns, et du pouvoir attaché aux autres ; mais on les trouvera bien plutôt dans cette classe d'hommes qui, peu favorisés de la fortune, ont dédaigné les spéculations honteuses auxquelles nous devons attribuer tous nos maux, pour s'exposer gratuitement aux orages, et courir les dangers d'une révolution devenue nécessaire.

Dans l'état où nous sommes, il ne suffit pas de sonder les plaies qui affligent le corps politique ; il faut remonter à la cause, et cautériser promptement les parties gangrenées qui menacent de le détruire. L'agiotage, le luxe, l'égoïsme, l'oubli des mœurs et des principes, l'anéantissement de l'esprit public, l'inobservance des lois, le mépris des institutions républicaines, tels sont les maux qui sont la source presque intarissable de tous nos malheurs passés, présens et à venir.

L'agiotage, ce monstre dévorant que l'on ne sauroit trop subitement étouffer, cause chaque jour des ravages d'autant plus affreux, qu'il précipite dans toutes les calamités du vice et de la misère, les classes industrieuses de la société. C'est de lui, si je puis m'exprimer ainsi, qu'est venu *le culte de l'argent*, et ce goût insatiable d'amasser, de réaliser, de thésauriser ; c'est par lui que l'avarice du prêteur se prévaut tyranniquement de la nécessité de l'emprunteur ; c'est par lui que le commerce, qui fut toujours l'ame des états et de la vie civile, languit ; c'est par lui que la confiance publique a disparu ; c'est de lui qu'est venue dans les relations commerciales cette clandestinité , qui étant l'aveu d'une action malhonnête , porte avec elle le caractère de l'usure ; c'est par lui que d'après les prêts usuraires , autorisés par l'usage qui les juge légitimes , on est conduit à ce point d'immoralité , qu'on ne craint plus la honte , et qu'on finit par être usurier publiquement ; c'est par lui que l'on voit se multiplier chaque jour des banqueroutes , qui par cela même qu'elles sont inattendues , caractérisent d'autant mieux la fraude qui les médite ; c'est par lui enfin que des cultivateurs actifs , des commerçans de bonne foi , des artisans industrieux , se voient privés des avantages de former , chacun dans leur genre , des combinaisons aussi profitables pour leurs intérêts , qu'elles seroient utiles à la société.

Combien donc n'importe-t-il pas d'arrêter dans sa source les progrès de cet infame agiotage qui tarit, ce que Sully appeloit avec raison, les deux mamelles de l'état, l'agriculture et le commerce? Cet hydre une fois abattu, on ne verra plus se renouveler le délit des faillites , qui ne s'accroît que parce que la cause en est impunie , et qui , en se multipliant , a banni la confiance du commerce.

Pourroit-on disconvenir que les faillites aujourd'hui ne soient une espèce de jeu que l'on se plaît à renouveler plusieurs fois, pour courir plus rapidement à la fortune ? Les droits des femmes pour leur dôt et leur douaire, favorisent encore beaucoup les banqueroutes, parce que c'est une ressource qui assure au banqueroutier, au moins une très-honnête médiocrité, après avoir long-temps vécu dans le luxe, et souvent même dans la débauche, aux dépens d'autrui. On en voit même pousser l'impudence et l'oubli de toutes les bienséances jusqu'au point d'afficher une dépense plus considérable, continuer leur commerce, et en étendre même les branches avec une audace téméraire.

Telle est donc la cause funeste de ce scandale public, qu'elle se puise dans l'extrême facilité de faire une banqueroute lucrative, et dans l'impunité d'un pareil délit. Aussi ce n'est pas sans raison qu'un publiciste a dit que le commerce a besoin d'une loi nouvelle, vu le rafinement de la cupidité et le génie de la mauvaise foi ; mais il la faudroit simple, sévère, et irréfragable. C'est une honte, continue-t-il, c'est une tache nationale que de voir la confiance particulière incessamment lésée ; elle ne pourra renaître qu'après que le législateur aura sévi contre des manœuvres infames et journalières, qu'on ne prend pas même souvent la peine de couvrir d'un voile, et que les magistrats, enchaînés par le code, sont dans l'impuissance de punir.

Pour arrêter cet abus qui se multiplie tous les jours, je proposerois ici l'idée que j'ai puisée dans la lecture du moraliste le plus recommandable

par ses talens et ses vertus ; ce seroit d'émettre
une loi qui devroit ordonner , qu'avant de per-
mettre à un failli nul arrangement avec ses créan-
ciers , il fût permis à chacun d'eux en particulier
de l'accuser en banqueroute volontaire , causée
par son luxe ou ses prodigalités : auquel cas il
seroit tenu de justifier du contraire , en prouvant
ses pertes réelles ; tout ce qu'il n'auroit pas jus-
tifié perdu sans faute de sa part , étant censé par
lui fastueusement dépensé , alors il seroit déclaré
atteint et convaincu de banqueroute volontaire,
et condamné à l'infamie , afin qu'il n'arrivât plus
que lui , sa femme, ses enfans , ses concubines ,
insultent à la bonne foi , aux bonnes mœurs ,
en étalant après une pareille banqueroute , des
dépenses insolentes et scandaleuses.

Tel est le plan proposé par le moraliste que
je viens de citer ; il me paroît d'autant plus
sage, et d'autant mieux combiné , que si les né-
gocians malheureux que des circonstances cruel-
les ont mis dans la triste nécessité de faire faillite
ont droit à quelque pitié , et méritent des égards
et des secours , il ne doit pas en être de même du
débiteur rusé. Il existeroit par ce moyen des règles
sûres pour le reconnoître et le livrer à toute la rigueur des lois ; mais malheureusement elles ont
tellement molli, que le plus grand fripon combat
l'infamie avec un front arrogant , et souvent il
triomphe.

Le luxe , compagnon fidelle de l'agiotage , ne

concourt pas moins à dessécher les canaux de la
prospérité publique. En vain ses partisans préten-
droient-ils qu'il enrichit les états , qu'il facilite
la circulation des monnoies, qu'il adoucit les
mœurs, et qu'il répand les vertus privées. Etayé
de l'opinion de ces philosophes penseurs , qui ont
justement calculé les degrés de splendeur , et la
cause de la décadence des nations , avec eux je
dirai que le luxe fait sacrifier les arts utiles aux
agréables , qu'il contribue à la dépopulation ,
qu'il amollit le courage , et qu'il éteint les sentimens d'honneur et d'amour de la patrie.

Parcourons les annales de l'histoire ; qu'y ver-
rons-nous ? les Égyptiens, les Perses , les Grecs ,
et les Romains dont le luxe a augmenté en même
temps que ces peuples ont augmenté de grandeur, et
qui depuis le moment de leur plus grand luxe, n'ont
cessé de perdre de leur valeur et de leur puis-
sance. Athènes , dit-on , perdit sa force et ses
vertus après la guerre du Peloponèse , époque de
ses richesses et de son luxe. L'Italie, selon Tite-
Live , dans les temps du plus haut degré de la
grandeur et du luxe de la république romaine ,
étoit de plus de moitié moins peuplée, que quand
elle étoit divisée en petite république presque sans
luxe , et même sans industrie. Les vertus privées,
la bienfaisance et l'humanité furent plus honorées
à Rome et à Athènes dans le temps de leur pauvreté, qu'elles ne le furent dans le temps de leur
luxe. Loin donc de convenir qu'il augmente le

bonheur des citoyens, il faut avouer néanmoins qu'il peut leur procurer quelques jouissances et plus de plaisirs ; mais ce n'est pas au plus grand nombre.

D'ailleurs, entre toutes les passions qui mènent au luxe, il existe une incompatibilité trop prononcée avec la gloire et l'honneur, parce qu'elle dérive de l'amour des richesses ; et certes quand l'extrême cupidité remue tous les cœurs, les enthousiasmes vertueux disparoissent, l'ame s'éteint alors, car elle s'éteint lorsqu'elle se concentre ; d'où l'on peut conclure que le luxe est contraire au bon ordre et aux mœurs. Pour s'en convaincre, fixons un instant nos regards sur ces nouveaux parvenus, enfans gâtés de la fortune, dont trop communément, hélas! les richesses sont acquises sans travail ou par des abus. Eh bien, ces nouveaux riches se donnent promptement la jouissance d'une fortune rapide ; ils s'accoutument d'abord à l'inaction et au besoin des dissipations frivoles ; peu jaloux du sentiment précieux de l'estime et de la bienveillance de leurs concitoyens, après avoir sacrifié la vertu et la réputation de probité aux désirs de s'enrichir, au lieu de faire de leurs richesses un usage vertueux, ils cherchent au contraire à couvrir sous le faste et les décorations du luxe, leur odieuse fortune, et à perdre dans les plaisirs le souvenir du mal qu'ils ont faits pour l'acquérir.

Je consacrerai la vérité de ce que je viens de

dire , en rapportant textuellement la pensée de l'auteur immortel du Contrat social. « Ou le luxe, « *dit-il*, est l'effet des richesses , ou il les rend né- « cessaires ; dans tous les cas , il corrompt à la « fois le riche et le pauvre, l'un par la possession, « l'autre par la convoitise ; il vend la patrie à la « mollesse, à la vanité ; il ôte à l'état tous ses ci- « toyens pour les asservir les uns aux autres , et « tous à l'opinion. »

Si la sévérité de ce principe nous présente le luxe comme un crime contre l'humanité , qu'on juge de là combien il est à craindre de s'y laisser entraîner ; et s'il n'est question ici que des maux civils du luxe , de ceux qu'il peut produire dans la société , que sera-ce si l'on y joint les maux purement personnels , les vices qu'il produit ou qu'il nourrit dans ceux qui s'y livrent en énervant leur ame , leur esprit et leur corps ? aussi plus l'amour de la patrie , le zèle pour sa défense, l'esprit de grandeur et de liberté sont en honneur dans une nation, plus le luxe doit y être proscrit et méprisé ; il est le fléau des républiques et l'ins- trument du despotisme des tyrans.

Il est dans la république une autre classe d'hom- mes non moins funeste et dangereuse : je parle de ces égoïstes ambitieux qui, rapportant tout à eux- mêmes, ne voyant qu'eux dans la nature, foulent aux pieds les sentimens les plus généreux, et sa- crifient les affections les plus chères à l'homme probe , pour usurper les honneurs et les dignités qui ne devroient être que la récompense du mérite et de la vertu. Ah ! si l'on découvroit les routes que tant de gens qui veulent nous éblouir, ont suivies, pour s'avancer, et de quels moyens ils se sont servis pour se dégager de tous les mauvais pas qu'ils ont rencontrés, peut-être s'aimeroit-on assez pour ne vouloir jamais faire le même chemin à ce prix ! Identifiant l'amour de la patrie avec leurs intérêts, ils s'en prétendent les amis exclusifs, et sous les dehors trompeurs de leur attachement pour elle, ils éblouissent la multitude. Il est aussi facile de les apprécier que de les connoître, et c'est pour y parvenir d'une manière plus assurée que se place naturellement ici la définition du véritable amour de la patrie. Plût à Dieu que l'universalité des Français pût se reconnoître à l'esquisse que je vais en tracer ; elle n'est pas étrangère à mon sujet.

Aimer la patrie, ce n'est pas observer simplement les lois, remplir extérieurement les devoirs de la société, en garder les bienséances, se distinguer par ses talens, faire des actions éclatantes, utiles même à la patrie, lui témoigner un zèle extraordinaire dans des occasions essentielles ; toutes ces choses peuvent avoir leur principe et leur source dans l'intérêt ou l'amour-propre.

Des hommes éclairés sur leurs véritables intérêts, ont soin de s'abstenir de tout ce qui est contraire aux lois, parce qu'ils n'ignorent pas que les lois punissent ceux qui les violent. Ils ont

pour leurs concitoyens des attentions et des
égards, parce qu'ils savent que c'est le seul
moyen de se concilier leur amitié. Ils cultivent
leurs talens; ils rendent des services à la patrie,
parce que l'expérience leur apprend que l'utile
est payé par l'utile ; que les richesses et les
honneurs en sont pour l'ordinaire la récompense,
et qu'une grande réputation ouvre presque toujours la route aux dignités et à la fortune.

L'amour de la patrie, plus noble, plus désin-
téressé, n'agit par aucun de ces motifs. Sans aucun retour sur lui, sans considérer ni son avantage ni sa gloire, le vrai citoyen s'oublie lui-même,
et n'a des yeux que pour l'objet de son affection ; il
ne forme point de vœux qui ne tendent au
bonheur de sa patrie ; il n'entreprend aucune
action dans laquelle il n'envisage sa gloire ou sa fé-
licité : s'il donne l'exemple de l'obéissance aux lois,
c'est parce qu'il les regarde comme le fondement
du bon ordre, et le plus ferme appui de la société;
s'il se montre officieux et bienfaisant envers ses
concitoyens, c'est parce qu'il les considère comme
enfans de la patrie qui lui est si chère ; s'il est
avide de gloire, c'est pour en faire réfléchir tout
l'honneur sur cette même patrie qu'il voudroit
voir au-dessus de toutes les autres nations ; enfin,
si le sort lui présente des occasions éclatantes
de faire agir son zèle, c'est alors que donnant un
libre essor aux mouvemens généreux de son ame,
il prodigue avec joie ses biens et sa vie, soit pour

préserver sa patrie de quelque danger, soit pour
la faire triompher de ses ennemis.

C'est à de tels sentimens, c'est à des actions
produites par un motif aussi pur, que l'on reconnoît le véritable ami de la patrie. Sans doute il
en existe ; mais combien il est petit le nombre
des hommes qui formeroient le groupe d'un semblable tableau.

Un philosophe de l'antiquité a dit que les lois
étoient inutiles sans les mœurs, et que quand
une république est corrompue, on ne peut remé-
dier à aucun des maux qui naissent, qu'en ôtant
la corruption, et en rappelant les principes. Que
de réflexions ne fait pas naître la méditation de
cette grande vérité ! Si l'expérience du passé doit
être pour nous le miroir fidèle de l'avenir, combien doit nous paroître profond l'abyme qui s'ouvre sous nos pas.

Nous tendons à notre dissolution, ce fait est
indubitable. Ouvrons les publicistes, qu'est-ce
qu'ils nous apprennent ? ils nous disent qu'un état
se dissout dès que les vices accumulés le privent
de la force et des mœurs nécessaires au maintien
de l'ensemble. Un corps politique est menacé de
dissolution, lorsque ceux qui le dirigent, négli-
gent d'entretenir en lui l'esprit d'unité qui doit
l'animer, lorsque les principes du gouvernement
sont corrompus ; lorsque les lois sont sans vi-
gueur ; lorsque l'autorité est méprisée ; lorsque les
citoyens s'isolent et se détachent de la patrie ;

lorsqu'enfin l'égoïsme et le luxe plongent tous les esprits dans l'apathie pour tout ce qui est utile, dans l'indifférence pour le bien public, dans le mépris pour la vertu : l'état n'a plus alors de citoyens ; il se remplit d'êtres vicieux, détachés de la patrie, et qui ne sont animés que d'une passion désordonnée pour les plaisirs et les richesses.

Que devons-nous penser de nous-mêmes, si nous jetons un coup d'œil sur tout ce qui nous environne ? Ah, sans doute, la perspective n'est pas flatteuse, bien loin de là. Comment peut-il en effet exister des mœurs là où le vice est préconisé, et la vertu méprisée ; là où la soif de l'argent, l'amour des richesses est devenu la passion dominante ; là où l'esprit se tourne vers l'intérêt particulier ; là où l'intrigue dégagée du masque de l'hypocrisie, marche impudemment à front découvert ?

Nous avons adopté la forme du gouvernement démocratique ; mais combien nous éloignons-nous de ses effets ! Combien peu pratiquons-nous les vertus qui en sont l'essence. C'est bien avec raison que Rousseau a dit, que s'il y avoit un peuple de Dieux, il se gouverneroit démocratiquement, parce qu'un gouvernement si parfait n'appartient pas à des hommes.

Quelque respectable que soit l'opinion de l'auteur que je viens de citer ; quelque peu consolante que soit l'impossibilité qu'il annonce de ne pou-

voir

voir atteindre aux perfections qu'exige la démocratie, nous ne devons pas en conclure que l'esprit humain, retenu trop long-temps dans une enfance perpétuelle, ne pourra jamais en sortir. Ne désespérons point de son activité; attendons un sort plus doux du progrès des lumières; et si, contre toute apparence, il ne nous est pas permis de changer nos propres destinées, au moins nous aurons semé pour la postérité, nous lui aurons montré les écueils où nous aurons échoué, et le fruit de nos expériences ne sera pas tout-à-fait perdu pour elle ; au moins nous flatterons-nous de l'espoir consolant que nos descendans, aidés des circonstances et de nos réflexions, seront un jour plus sages, et conséquemment plus heureux que nous.

Malheur à une république lorsque ceux auxquels le peuple se confie, voulant cacher leur propre corruption, cherchent à le corrompre. Pour qu'il ne voie pas leur ambition, ils ne lui parlent que de leur grandeur ou de leur pouvoir; pour qu'il n'aperçoive pas leur avarice, ils flattent sans cesse la sienne ; d'où il résulte que la corruption augmentera parmi les corrupteurs , et qu'elle augmentera parmi ceux qui sont déjà corrompus.

Il est une vérité politique qui fut et sera de tous les temps, c'est qu'on reconnoît un bon gouvernement à l'aisance de tous ceux qui travaillent, et à la satisfaction des citoyens : car dans une mauvaise administration, on peut bien réduire le peuple au silence ; mais on ne peut lui donner de l'aisance et de la satisfaction.

De la satisfaction ! Eh, peut-on en éprouver quand on voit les manœuvres perfides, les sourdes menées des ennemis de la république ; quand on voit l'insouciance et la corruption planer sur l'hémisphère de la liberté ; quand on voit l'industrie découragée par l'exorbitance des impôts ; l'agriculture abandonnée, et le commerce discrédité ; quand on voit une poignée de fripons siffler hautement les principes ; quand on voit la république déchirée par la scélératesse de quelques hommes qui n'exciteroient que le sourire de la pitié, s'ils n'étoient précédés de l'erreur et accompagnés du mensonge ; quand on voit tant de cabales, de ruses et de perfidie, alimentées par les trésors de la nation ? Alors on seroit tenté de désespérer de la révolution, d'en arracher les feuillets les plus glorieux, et de s'ensevelir dans les bois pour se dérober à la méchanceté des hommes, et ne pas survivre à la honte de sa patrie.

Il n'y a plus d'esprit public, dit-on : mais il n'est pas éteint. Le silence du peuple est imposant, parce qu'on sait que le lion peut se réveiller. Il existe encore cet esprit public auquel nous sommes redevables de la révolution la plus étonnante, qui depuis l'existence du monde se soit opérée sur le globe. Il existe encore une fois, il n'est qu'assoupi. A la vérité, si nous nous reportons à cette

époque fastueuse, où pour la première fois le
peuple français, à l'aspect des douloureuses ci-
catrices que lui avoient imprimées les chaînes de
son esclavage, conçut le généreux dessein de s'en
affranchir, il faut convenir qu'à cette époque
l'enthousiasme étoit dans tous les cœurs, tandis
qu'aujourd'hui l'insouciance, l'apathie, l'indifférence, semblent s'être emparés de tous les esprits.
Eh, de quel enthousiasme peut-il être animé, ce
peuple qui à tout fait pour la liberté ; ce peuple
qui fera tout encore pour la conserver ; ce peuple
à qui nulle espèce de sacrifices n'a coûté pour la
défendre. Croit-on l'épuiser de lassitude et de dé-
goût ? non. S'il le faut , il reprendra son attitude
et son courage ; l'idée de l'abattement ne peut se
lier à celle d'un républicain. Mais peut-il voir de
sang froid, ce peuple généreux et patient, les
dilapidations atroces qui se commettent aussi impudemment dans la fortune publique ? Peut-il
voir d'un œil tranquille, s'élever ces fortunes
colossales, scandaleusement monstrueuses qui
l'engourdissent sous le poids d'une misère habi-
tuelle ? Peut-il indifféremment voir substituer à
sa volonté, celle du caprice et de l'intrigue ? Peut-
il acquitter avec empressement les impôts multipliés qui l'écrasent, pour en voir s'écouler le
produit dans des mains impures, et se dissiper
ainsi le fruit de ses veilles et de ses sueurs ? Peut-
il enfin demeurer insensible au cri de la nature,
lorsque consommant le dernier sacrifice, le plus

cher à son cœur, il reçoit, pour la dernière fois peut-être, les tendres embrassemens d'un fils chéri qui va verser son sang, heureux encore 'il étoit assuré que ce fût pour la liberté.

Ainsi donc, remontant à la cause de nos maux, nous la trouverons dans la politique artificieuse de quelques hommes qui, déguisés sous le masque du patriotisme, sont liés secrètement entr'eux pour surprendre la confiance du peuple, et l'immoler ensuite à leur ambition. Nous la trouverons dans la licence effrénée de l'agiotage le plus impudent, qui a fait naître la détresse publique du sein même de la richesse nationale ; nous la trouverons dans la facilité donnée aux ennemis de notre liberté de piller à loisir le trésor public, et de prodiguer le sang du peuple pour lui acheter des calamités, des trahisons, et des chaînes...... Nous la trouverons, la cause de nos maux, dans la combinaison formidable de tous les moyens de séduction et d'influence ; dans les artifices inépuisables ; dans la perfide et ténébreuse politique de nos ennemis ; enfin, nous la trouverons dans notre déplorable sécurité, dans notre profonde apathie, dans notre stupide confiance.

Quelqu'importunes que puissent être les vérités que je viens de dire, je méprise d'avance les imputations odieuses qu'on pourroit me susciter, et cherchant uniquement à m'éclairer sur les véritables causes du mécontentement du peuple, en homme libre je demande s'il est étonnant que ce

même peuple voie avec chagrin, et murmure des
fortunes dont il fournit la substance, sans jamais
la partager. Quoi de plus révoltant, en effet,
que la rapide énormité de l'opulence de ces hommes qui naguères connoissoient à peine les dou-
ceurs d'une honnête médiocrité ! Quoi de plus
scandaleux que le luxe que ces dilapidateurs, ces
sang-sues de la prospérité publique, étalent avec
l'impudeur d'un sybarite ! N'est-ce pas un crime
de lèse-humanité que des millions d'hommes
soient privés du nécessaire, pour satisfaire l'avi-
dité de quelques spéculateurs oisifs ou de quelques fripons? et cependant une injustice si criante
et si cruelle est autorisée par la coupable négli-
gence qu'on met à ne pas les surveiller. Peut-être
alléguera-t-on le motif de fournir des ressources
à l'état ; mais rappelons-nous cette vérité phi-
lantropique, que, multiplier les malheureux pour
augmenter les ressources, c'est se couper un bras
pour donner plus de nourriture à l'autre. N'est-
il pas contre nature de supporter cette inégalité
monstrueuse entre la fortune des hommes, qui
fait que les uns périssent d'indigence, tandis que
les autres régorgent de superflu? Hélas ! les malheureux sont déjà assez humiliés par l'éclat seul
de la prospérité, sans les outrager encore par
l'ostentation qu'on en fait ; et ces Crésus modernes
devroient sentir combien ceux qui pourroient
avoir mérité leur fortune, ont encore besoin d'art
pour se la faire pardonner. Il n'est donc qu'un

moyen de réconciliation entre le peuple et ces hommes engraissés de la substance publique, c'est de les forcer à rendre abondamment à l'état ce qu'ils lui ont enlevé.

On se plaint de la lenteur, je dirai plus, de la répugnance qu'une partie de la jeunesse française témoigne, à voler au secours de la patrie. Loin d'excuser la résistance qu'elle oppose, on ne peut que gémir de la nécessité où l'on est d'employer les moyens coactifs que le besoin commande. Nous ne pouvons pas douter que nous sommes dans cet instant de crise, où la liberté est plus que jamais devenue créancière de tous les citoyens. Les uns lui doivent leur industrie, les autres leur fortune, ceux-ci leurs conseils, ceux-là leurs bras : tous lui doivent le sang qui coule dans leurs veines. Mais, je le demande, de quel enthousiasme pourroient être animés des hommes qui voient s'évanouir les succès inouïs, dont nous étions redevables à cette armée lointaine, dont l'absence nous afflige, à ce héros que la renommée a si justement inscrit dans les fastes de la gloire, et placé d'avance dans le temple de l'immortalité. Pourroit-on ne pas être attristé des revers multipliés dont nous sommes redevables à l'impéritie de ce général, dont le nom est une injure, que l'opinion publique poursuit, et dont les vices ont fait toute la honteuse célébrité. Si, comme à bien d'autres, on lui demandoit par quels moyens il s'est acquis les richesses qu'il

possède, certes, le tableau seroit curieux à dé-
rouler.

Une guerre est entreprise pour défendre notre
liberté. Sans doute il faut la soutenir jusqu'à ce
que nous ayons terrassé les ennemis qui cherchent à la détruire ; mais sans chercher à péné-
trer le mystère politique qui nous engage à de
nouveaux combats, souvent, et avec bien d'autres, je me demande s'il n'eût pas été plus avan-
tageux de nous assurer la solide existence d'une
paix continentale, avant de voler à la conquête
d'un pays qui par l'immensité de l'espace qui
nous en sépare, rend moins précieux les rapports
politiques et commerciaux qui doivent lier les
nations entr'elles. Eh quoi, nous sommes entou-
rés d'ennemis ; ils sont presque à nos frontières,
et cette armée dont la valeur au-dessus de tout
éloge, en inspirant la terreur, causoit leur dé-
faite ; cette armée, et le chef digne de la commander, sont à trois mille lieues de nous !

Dans la crise où nous sommes, loin de nous
abandonner aux exagérations d'une confiance
trop aveugle dans les succès qui naguères ren-
doient nos armes triomphantes, il est urgent de
détruire cette torpeur, et cette défiance qui s'est
emparée de tous les esprits. Il faut ranimer cette
ardeur, cet enthousiasme qui ont si justement
distingué les premiers jours de la révolution.
Mais, dira-t-on, que faut-il pour y parvenir ? Il
faut être bien commandé ; car un bon général,

environné de la confiance de ses frères d'armes,
donnera une bonne organisation, une bonne tac-
tique, un bon exercice, de bons camps, de bonnes évolutions, de bons ordres de bataille, de
bons postes, de bons règlemens, et ce qui est le
plus difficile, il remédiera aux accidens dans les
momens du combat.

La prospérité des états, disoit Phocion, est la
récompense certaine et constante de leurs vertus ;
et l'adversité, le châtiment infaillible de leurs
vices. Méditons en silence cette sublime vérite,
et sur-tout sachons la mettre à profit.

Il est pour le méditateur réfléchi une autre vérité politique, dont la combinaison et les résultats
sont d'autant plus affligeans, qu'à peine ose-t-on
s'y arrêter par l'effroi qu'elle inspire. *Lorsque dans
un gouvernement populaire la constitution est violée,
les lois cessent d'être exécutées ; comme cela ne peut
venir que de la corruption de la république, l'état est
déjà perdu.*

Quelle sentence ! et déjà n'en ressentons-nous
pas les horribles effets ? Espérons que le génie
bienfaisant qui jusqu'à présent a veillé sur les
destinées de la France, loin de nous abandonner,
nous couvrira de son ombre tutélaire. Ce seroit
sans doute une calamité publique, que d'être ré-
duit à accuser le gouvernement auquel on a besoin
de se rattacher ; mais qui osera pallier sa facile
et complaisante crédulité ? Qui osera disculper les
intrigans qui le trompent et le séduisent ? La jus-

tice est éternelle, et le cri de la liberté a retenti
dans tous les cœurs. La vérité sortira triomphante,
la constitution et les lois reprendront leur énergie ;
les traîtres seront confondus, et tous ces hommes
qui suintent l'infamie seront réduits à leur affreuse
nullité, à leur rage impuissante, et aux tourmens
de la honte. Mais, que dis-je, la honte, ils ont
déposé toute pudeur, et semblables à ce roi pour-
suivi par l'infortune, qui s'étoit tellement accou-
tumé au poison, qu'il ne pouvoit plus en ressentir
l'atteinte, ils sont tellement familiarisés avec l'indignation publique, qu'ils ne sauroient plus y
être sensibles.

Je ne désigne personne ; mais si dans le nombre
des lecteurs, entre les mains de qui cet écrit tom-
bera, il en est qui se reconnoisse et qui s'appro-
priant cette esquisse, puisse se dire : *c'est moi*, je
lui réponds qu'il n'est qu'un traître et l'ennemi
de son pays.

Plusieurs fois, cherchant à me rendre compte
de ces destitutions multipliées dont les journaux
étoient inondés, je méditois sur le bonheur que
la France ne fût pas en contre-révolution ouverte,
dès que d'après leur rapport, que je ne croyois
pas infidèle, la grande majorité des fonctionnaires publics étoit composée d'anarchistes ou de
royalistes. Cette illusion ne fut pas de longue
durée. Peu après, le département que j'habite
s'étant violemment ressenti de la secousse, j'ap-
prends la destitution de plusieurs fonctionnaires

publics de ma connoissance, aussi recommanda-
bles par leurs lumières et leur probité, que par
l'exercice de toutes les vertus privées qui caractérisent l'homme honnête et probe. Étonné d'un
acte d'autorité aussi inattendu, je ne le fus pas
moins d'apprendre que l'anarchie dont on les ac-
cusoit, en étoit le prétexte. En vain je scrutois
leurs principes et leur conduite ; non, je n'ai pu
reconnoître des anarchistes en des hommes pai-
sibles, fidèles observateurs des lois ; en des hommes qui n'ont cessé de jouir de l'estime de leurs
concitoyens ; en des hommes qui en leur qualité
de pères de famille, sont plus que tout autre intéressés au maintien du bon ordre et du respect
pour les propriétés. Ils ont reçu sans se plaindre
le coup que l'intrigue leur a porté ; mais comme
je l'ai déjà dit, la justice est éternelle, et la confiance de leurs concitoyens qui les a rappelés aux
fonctions qu'ils avoient été obligés d'abdiquer,
les a glorieusement vengés de l'outrage qui leur
avoit été fait.

Qu'on lie cette nouvelle machination aux réac-
tions dont plusieurs départemens ont été le théâtre, au système destructeur et machiavélique
des scissions qui y ont succédé, et l'on aura la
mesure des dangers qui menaçoient et qui menacent encore la liberté. Un grand poëte drama-
tique a dit : *Qui veut tout pouvoir ne doit pas tout
oser.* Maxime précieuse, que je laisse à méditer à
ceux qui croiront devoir s'en faire l'application.

Qu'ils sont donc coupables ceux qui trompent le gouvernement, et lui suggèrent des injustices dont les conséquences sont d'autant plus funestes, qu'elles outragent la majesté du peuple souverain, et qu'elles le rendent indifférent pour l'exercice du plus beau, du plus précieux de ses droits. La remarque en est si sensible, que les assemblées primaires de l'an 7, n'étoient généralement composées que du dixième des votans des années précédentes. Puissent donc les auteurs de cet attiédissement, de cette mort de l'esprit public, éprouver, s'ils en sont susceptibles, un remords salutaire, et sentir que pour des hommes tels qu'eux, la plus grande peine est d'avoir été connus.

Mais tous ces maux ne sont pas les seuls qui nous affligent; ils ne sont pas les seuls qui produisent ce découragement, cette inertie désolante qui s'est emparée de toutes les classes de la société, et sur-tout de cette portion du peuple la plus intéressante et la plus laborieuse, parce qu'elle est la plus misérable, et celle qui mérite le moins de l'être. En politique, la pesanteur des charges produit le travail; mais en morale, le travail produit l'accablement, et l'accablement, l'esprit de paresse ou le désespoir.

Tels sont les effets qui résultent de cette surabondance d'impôts, qui au lieu d'exciter ces sentimens de patriotisme qui rendent supportables les excès même auxquels ils sont portés, ne fait qu'énerve le courage qui est nécessaire pour se procurer les moyens de les acquitter. On dit, pour excuser une surcharge aussi intolérable , que les frais de la guerre et les circonstances impérieuses de notre révolution , nécessitent les contributions dont on est écrasé : mais le peuple n'est pas aveugle , et ne peut être la dupe d'un semblable raisonnement ; parce que ce n'est pas impunément que dix ans de révolution se seront écoulés, sans qu'il n'ait acquis quelque expérience. Croit-on qu'il ne sait pas que dans le cours de la guerre , nos troupes ont été souvent alimentées et entretenues aux dépens des puissances vaincues ? croit-on qu'il ignore que la pénurie du trésor national ne provienne des déprédations journalières que l'on y tolère ? croit-on qu'il ne voie pas que l'opulence scandaleuse et cet embonpoint de richesses extorquées par cette multitude de fripons, que déjà l'opinion publique désigne et poursuit , ne soit le fruit de leur rapine , et le résultat de l'insouciance la plus coupable de la part de ceux qui devoient l'arrêter ? croit-on enfin que ce peuple si digne d'être heureux , puisse voir sans indignation des hommes qui naguères buvant comme Diogène dans le creux de leurs mains , avalent aujourd'hui dans des coupes d'or , le produit de la distilation de son sang , de ses sueurs et de ses travaux ? Non. Il supporte , en gémissant, le joug qu'on lui impose ; mais il luira ce jour où la justice nationale le vengera des outrages et des maux que ces dilapidateurs déhontés lui ont faits. Je termine cet affligeant récit en livrant à mes lecteurs la méditation d'une grande vérité politique, c'est qu'un état où le tribut n'est point proportionné au revenu du territoire et aux facultés de ceux qui l'habitent, est un état en pleine anarchie, sans consistance et sans durée.

Si l'exorbitance et la mauvaise répartition de l'impôt direct excitent les réclamations du peuple, il en est un autre qui ne les justifie pas moins. Je parle de l'impôt sur les barrières, autrement dit, droit de passe. La loi qui l'a établi contient les principes de l'économiste le plus consommé; mais on ne peut se dissimuler que les vues de bienfaisance que l'on a voulu en faire résulter, ne lui soient absolument étrangères. Le but en est louable, et les moyens d'exécution sont inadmissibles, parce qu'ils sont ruineux. Je crois donc servir l'autorité qui l'a émise, en lui mettant sous les yeux les inconvéniens qu'elle présente, et que l'expérience a suffisamment confirmée. Cette loi, je l'envisage sous trois rapports, comme impolitique, infructueuse et immorale.

Elle est impolitique, parce qu'elle attaque la liberté, et dans le fait, et dans la forme. Comment en effet chez un peuple qui porte la liberté dans presque tous les pays du monde, pourra-t-on s'imaginer que les chemins ne soient pas libres dans le pays qu'il habite ? Je suppose qu'un voyageur étranger parcoure la France ; quelle idée pourra-t-il se former de cette liberté qui fait l'objet de tous nos vœux ? Arrêté de distance en distance , il éprouve des obstacles qui rallentissent sa marche, pour acquitter un droit qui devroit lui procurer un avantage dont il ne jouit pas , celui de parcourir de beaux chemins. Mais cet inconvénient, quel que grave qu'il soit, devient plus sérieux encore par le tort qu'il fait au commerce et sur-tout à l'agriculture. Les barrières , comme on le sait, ne sont pas uniformément établies dans toute l'étendue de la république. Les communes les plus commerçantes ou les plus populeuses sont les seules où cet établissement soit formé ; car dans la partie centrale de la France on parcourt souvent douze à quinze lieues sans être obstrué dans sa course par une barrière. Tout le monde sait encore que les propriétés qui avoisinent les grandes communes , sont pour l'ordinaire plus soigneusement cultivées que dans les campagnes. Eh bien , pour augmenter la perception des droits , on a coupé les avenues des chemins vicinaux , de telle manière qu'un propriétaire qui , lorsqu'ils étoient libres, pouvoit y faire conduire par une seule voiture, dix charges, soit pour l'engrais de ses héritages, soit pour leur exploitation,ne peut aujourd'hui en faire conduire que quatre, à raison de l'obligation où il se trouve de faire de longs détours pour rejoindre le chemin qui aboutit à la barrière , parce qu'il est le seul praticable. Voilà donc une dépense très-considérable, dont les habitans de la campagne ne ressentent point l'effet, et qui retombe sur les habitans des villes, déjà grevés par des impositions plus onéreuses pour eux, et moins aggravantes pour les campagnes, telles que le logement des gens de guerre, les patentes, les centimes additionnels et tant d'autres. Voilà donc les droits de l'égalité qui disparoissent.

Je dis en second lieu que cette imposition est infructueuse, parce qu'il est démontré que le produit qu'on en retire, ne compense même pas les frais qu'il occasionne. On ne pourra plus en douter si l'on met en balance le montant de la perception avec l'entretien des barrières, la location des emplacemens où les bureaux de recette sont établis, les frais nécessaires, tels que bois, lumière, registres, et les salaires des employés. Je ne parle pas des exactions et du gaspillage qui peuvent s'y commettre. Ainsi, dès que ce produit est absolument nul, ou tout au moins trop modique pour justifier le but que la loi se proposoit, en l'appliquant à l'entretien et à la confection des grandes routes, pourquoi laisseroit-on subsister un impôt de cette nature ?

Je dis enfin que cette loi est immorale, parce qu'elle est injuste dans la forme de son exécution, et que l'immoralité est là où est l'injustice. C'est ce qui résulte de l'obligation qui est imposée au voyageur d'acquitter le droit de passe, en raison de ce que l'on suppose qu'il a parcouru la distance d'une barrière à l'autre , qui quelquefois est de quatre à cinq lieues , tandis que le plus souvent il ne s'en éloigne pas de six cents mètres ; mais à cet inconvénient, onéreux par lui-même , on peut ajouter celui que présente cette armée d'employés , qui pouvant utiliser les arts et l'agriculture , sont par état condamnés à une inactivité d'autant plus dangereuse, qu'ils y contractent l'habitude des vices qu'engendre l'oisiveté ; il y a plus , c'est qu'on démoralise le peuple en le mettant dans la nécessité de violer la loi, pour se soustraire au payement d'un droit qu'il acquitteroit sans peine , si d'une part le produit n'en étoit presque consommé par ceux qui le perçoivent , et que de l'autre il fût appliqué à la destination pour laquelle il est établi.

Sans doute la construction et l'entretien des grandes routes est un des objets les plus dignes de l'attention du gouvernement. Tous les jours même cet objet acquiert une nouvelle importance par l'extension dont il est susceptible ; mais cette partie de l'administration publique n'a point encore été soumise à des règles suffisamment certaines ; et plus que jamais il devient indispensable d'en prescrire. Les bornes dans lesquelles je dois me circonscrire, ne me permettant pas de donner à mes idées toute la latitude que peut comporter une matière aussi importante, je me bornerai à présenter quelques réflexions, auxquelles je pourrois un jour donner plus d'extension , si toutefois

fois elles avoient l'avantage de paroître utiles.

Je proposerois en conséquence d'établir en remplacement du droit de passe, non un impôt général, mais une contribution particulière sur chaque commune indistinctement, destinée à payer le prix de l'adjudication des chemins à réparer ou à construire dans chaque département, d'après les devis des ingénieurs qui y sont employés. On dira peut-être que ce système de contribution présente un vice d'inégalité, résultant de ce que les communes en très-petit nombre que les grandes routes traversent, retirent un peu plus d'avantages que les autres, par le débit plus facile de leurs menues denrées et la dépense des voyageurs; mais il est constant que dans un département où les communications principales sont établies, les versemens se faisant de proche en proche, le prix des principales denrées, telle que le blé, s'élève par l'établissement de la route à six ou huit lieues du grand chemin, comme à quatre; d'où il suit que les communes éloignées des grandes routes, partagent avec celles qui en sont plus proches, les avantages qu'un pays retire de la construction des grands chemins.

On objectera peut-être encore que dans l'adoption de ce système, il est à craindre que dans des momens de besoins urgens, le gouvernement ne change la destination de cette contribution, et ne la fasse tourner au profit du fisc. On peut répondre que la construction des chemins et leur conservation sont si intéressantes pour l'état, qu'il faudroit supposer des circonstances bien impérieuses pour déterminer le gouvernement à arrêter de pareils travaux ; mais cette crainte ne seroit-elle pas garantie, en établissant que le produit de cette contribution se verseroit immédiatement des mains du percepteur dans celles de l'adjudicataire? et cette mesure ne préviendroit-elle pas toutes les inquiétudes que le peuple pourroit concevoir sur le changement de la destination de ces fonds ?

Il seroit même facile de dissiper entièrement cette crainte, en exigeant de chaque administration centrale, d'envoyer au gouvernement, à une époque fixe de l'année, l'état des travaux à exécuter dans son département, dans le cours de l'année suivante. La contribution ne seroit ordonnée que pour une année, et sa quotité seroit toujours relative aux ouvrages reconnus nécessaires. Cette disposition qui écarteroit l'idée d'une imposition fixe et permanente, seroit d'autant plus convenable, qu'il ne faut point désespérer de voir arriver le moment où les chemins de la république seront achevés, et où il ne restera qu'à les entretenir, et qu'il ne seroit pas juste que la contribution représentative des travaux que leur construction nécessite, survécût à ces travaux.

Telles sont les idées que l'examen un peu approfondi de la matière m'ont suggérées. Elles exigeroient sans doute un plus grand développement ;

mais les bornes de cet écrit ne me permettent pas
de m'y livrer.

Je prévois que la contribution que je propose,
blessera peut-être des oreilles qui, (si je puis
m'exprimer ainsi), seront frappées de la techni-
cité du mot , parce qu'il semble indiquer un nou-
vel impôt ; mais une seule observation dissipera
les alarmes que ce préjugé pourroit faire naître.
On ne peut disconvenir que le droit de passe ne
soit perçu sur tout le peuple , dont une portion
est agricole, et l'autre industrieuse. Sous ces deux
rapports , c'est donc le peuple qui, comme je l'ai
démontré, supporte infructueusement le fardeau
de la loi existante ; or, dès que l'entretien des
grandes routes est à sa charge, peu doit lui im-
porter que pour cet objet il soit imposé d'une
manière ou de l'autre ; pourquoi d'après cela ne
se hâteroit-on pas d'abroger cette loi , pour lui
en substituer une autre dont les résultats lui
seroient plus utiles, et sans doute moins onéreux.

On parle beaucoup de la constitution et des
lois fondamentales de la république ; on les in-
voque avec respect: mais, le dirai-je, n'invoque-t-
on pas de vains fantômes ? Nous savons tous
que la constitution et les lois sont inutiles, si on
ne les observe pas religieusement. Il faut donc
qu'elles soient respectées sans cesse, non seule-
ment par ceux qui tiennent le timon du gouvernement , mais encore par le peuple pour qui elles
sont faites ; car, d'après ce que dit un publiciste,

blesser la constitution de l'état, violer ses lois, est un crime de lèse-nation; et si ceux qui s'en rendent coupables, sont des personnes revêtues d'autorité, elles ajoutent au crime en lui-même, un perfide abus du pouvoir qui leur est confié, d'où il conclut que cette excellente maxime, *principiis obsta*, n'est pas moins essentielle en politique qu'en morale.

Suivant cette définition, le gouvernement n'est donc qu'un corps intermédiaire entre la loi fondamentale et la nation : d'où il résulte que la volonté dominante du gouvernement ne devroit être que la volonté générale de la nation, manifestée dans sa constitution. Empruntant ici les expressions du même publiciste, je dis donc avec et comme lui, que la force du gouvernement n'est que la force publique du corps de la nation : ainsi, dès qu'il veut tirer de lui-même quelqu'acte absolu et indépendant, il s'ensuit que la liaison du tout commence à se relâcher; et que si le gouvernement a une volonté particulière, différente de celle de la nation, exprimée dans la loi fondamentale, et qu'il use *pour exécuter cette volonté particulière* de la force publique, ou des autres moyens qui sont dans ses mains, à l'instant l'union primitive s'évanouit, le corps politique se dissout, et nécessairement il doit prendre une autre forme.

Terrible vérité dont les conséquences sont bien effrayantes, pour peu qu'elles soient senties ! On dira peut-être que les différens partis, tranchons le mot, les factions qui sont nées de la révolution, ont nécessité des actes d'autorité, que ni la constitution, ni les lois, n'avoient pas prescrits, et que le besoin urgent d'arrêter les progrès de telle ou telle autre faction, a commandé *pour le salut de l'état*, la fâcheuse nécessité de violer quelques-uns des principes organiques sur lesquels sa constitution est établie. Pitoyable excuse que la politique désavoue, et que la morale condamne ! En politique il est reconnu que les factions sont un mal inhérent au genre de gouvernement que nous avons adopté; et si l'on aperçoit au premier coup d'œil les maux des factions, il ne faut pas fermer les yeux sur le bien qu'elles peuvent produire (1). Les factions dans le sens où je parle, et d'après ce que disent les politiques les plus estimés, les factions, dis-je, dans un état républicain, entretiennent la vigilance et le courage;

---

(1) Des esprits mal-intentionnés pourront sans doute donner une interprétation fâcheuse à ce que je viens de dire; interprétation bien différente des sentimens dont je suis pénétré. Je déclare que mon ignorance, ou la pauvreté de notre langue me forcent à employer cette expression, et que mal à propos on me prêteroit la criminelle intention de favoriser les factions, en tant que dans cette acception on les envisage comme un parti séditieux. Bien loin de là, sous ce rapport je les réprouve: mais dans le sens où je m'entends, et où doivent m'entendre les amis de l'ordre et des lois; en vrai républicain je déclare, qu'en tant qu'elles peuvent être utiles à ma patrie, je les approuve. Honni soit donc qui mal y pense.

elles veillent , disent-ils , autour de la statue de la liberté , les unes pour la détruire , les autres pour la conserver : et tout est perdu lorsqu'elle est environnée de tranquilles admirateurs. Ce principe paroîtra peut-être exagéré ; mais il n'est pas moins vrai. Les esprits foibles pourront s'effrayer des troubles et des divisions qui en sont la suite nécessaire ; mais qu'ils sachent qu'en politique , une république , dont l'extérieur est trop paisible , court des dangers ; l'ambition profite du sommeil des autres ; mais elle ne dort jamais. L'intrigant voudra toujours dominer l'homme probe , et l'homme probe sera opprimé, s'il cesse un moment de veiller et de contenir l'intrigant ou l'ambitieux.

Dans tous les gouvernemens connus , les lois constitutionnelles et fondamentales furent toujours pour ceux qui devoient les faire observer , et pour les peuples qui s'y étoient soumis , l'arche sacrée à laquelle aucune main téméraire n'osa porter la main. *Nous qui valons autant que toi* , disoient les états d'Arragon , en reconnoissant leur nouveau roi, *te faisons notre roi , à condition que, tu garderas et observeras nos priviléges et nos libertés ; sinon , non.*

A Dieu ne plaise que de la citation que je rapporte, on veuille en induire les conséquences qui sans doute n'échapperont pas à ceux qui savent méditer ; les maux qui résulteroient de son application , sont incalculables , et nous ne pouvons mieux faire que de les éviter. D'ailleurs au moment où nous sommes, il ne s'agit pas de détruire ceux qui dominent, mais la domination ; et quelque défiance que nous devions avoir, il ne faut pas en entretenant ce sentiment pénible, se départir de l'espoir consolant que nous rentrerons dans ce train ordinaire du gouvernement où les lois protégent tout, et ne s'arment contre personne, pas même contre ceux qui ont le courage de dire la vérité.

Les lois et la liberté ont un rapport essentiel, et leur existence se trouvant liée par la nature des choses, c'est attaquer le droit sacré de la nation, c'est ôter aux lois le caractère qui les rend respectables, que de les violer et de les interpréter d'une manière, que les intérêts particuliers n'étant plus asservis aux règles prescrites par la loi, sont substitués à la volonté générale.

Reportons-nous maintenant à des époques trop rapprochées de nous, pour ne pas en avoir conservé le souvenir, et après avoir médité les événemens qui les rendront à jamais mémorables, nous n'aurons plus lieu d'être étonnés de cet attiédissement funeste, duquel résultent l'inobservance et l'inexécution des lois. Sans elles il n'est plus de liberté, et l'anarchie est là prête à nous engloutir et nous dévorer. Peut-on, je le demande, exiger d'un peuple ce respect salutaire, et cette observation religieuse des lois, si ceux qui en sont les dispensateurs ou les dépositaires, donnent les premiers l'exemple contagieux de les enfreindre ou de les violer. Je m'arrête..... Quoi qu'il en soit, rallions-nous sans cesse autour d'elles ; qu'elles soient l'égide protectrice de nos droits et de notre liberté ; que le monument de notre constitution soit le rocher inexpugnable où doivent se briser les passions et les efforts de ceux qui auroient la témérité d'y porter atteinte. C'est alors que le gouvernement, reprenant l'attitude imposante qui lui convient et qui est la seule digne du peuple qui l'a établi, ravivera cet esprit public, dans lequel est sa force et son soutien, rétablira cet équilibre d'opinions, du choc desquelles est née cette multitude de factions, qui tour à tour soutenues et anéanties, ont pour un instant éloigné de la chose publique quelques hommes de bonne foi, qui lassés de la tourmente, et dupes de leur trop aveugle confiance, seroient encore aujourd'hui, s'ils n'eussent été trompés, de zélés défenseurs de la liberté.

Tels sont les maux qui nous affligent ; tels sont les abus qui nous désolent : il est urgent d'en extirper la cause, si nous voulons nous éviter la douleur de voir s'anéantir l'ouvrage de nos mains, et s'écrouler de fond en comble l'édifice imposant de notre régénération. Mais que faut-il pour y parvenir ? Il faut, je le répète, que les droits du peuple souverain ne soient plus méconnus ; que son honneur et sa dignité ne soient plus outragés ; que la constitution majestueusement élevée sur

les ruines du despotisme, ne soient plus rallentie
dans sa marche, par les obstacles que lui ont
opposés la défiance, l'inquiétude, et sur-tout la
soif de dominer. Il faut qu'à la volonté nationale,
qui doit être la suprême loi, ne soient plus subs-
tituées ces volontés particulières qui, favorisant
l'intrigue et l'ambition, nous menoient à ce point
de démoralisation que, sous prétexte de la vengeance de la république, la loi ouvertement violée, servoit de prétexte même à établir la tyrannie
des vengeurs. Il faut poursuivre jusque dans
leurs derniers retranchemens les vampires de la
fortune publique, et comme à des sang-sues
leur faire régorger le produit impur de leur bri-
gandage et de leurs rapines ; il faut arrêter le
cours de ces dilapidations atroces qui nécessitant
des impôts exorbitans, aigrissent le peuple, en
l'exposant aux horreurs du besoin, et le livrant
aux accès du désespoir. Il faut ne plus s'isoler
de ce peuple, et loin d'abuser de la qualification
mensongère d'anarchistes, pour l'appliquer à des
hommes intéressés eux-mêmes au respect des
personnes et au maintien des propriétés, il faut,
dis-je, se rattacher ces mêmes hommes, parce
qu'ils sont les véritables amis de l'ordre et du
peuple, les défenseurs généreux de sa cause et de
ses droits. Il faut détruire ce germe des factions
qui, en se développant, étouffe la semence précieuse des vertus sociales et républicaines. Il faut
restituer à l'agriculture et au commerce leurs

droits imprescriptibles , parce que les uns émanent de la nature , et que les autres sont écrits dans le code du bonheur des peuples. Il faut, pour y parvenir, couper les cent têtes de l'hydre dévorant, l'agiotage, et déconcerter par une économie bien combinée, autant que par une prudence bien réfléchie, les moyens qui s'opposent à faire prospérer les encouragemens dûs à l'un, et à rétablir la confiance nécessaire à l'autre. Il faut activer l'instruction publique, l'encourager par tous les moyens possibles, afin que l'on ne puisse plus douter que par elle les hommes s'habituent à réprimer les passions contraires à leur propre bonheur et à celui des autres, et qu'elle seule peut leur fournir les motifs capables de les y porter ; car une nation ne peut être florissante et puissante qu'autant qu'elle est instruite de ses vrais intérêts, de ses droits, de ses devoirs; qu'autant qu'elle est attachée à ses lois, qu'elle est en état de sentir son bonheur, et toujours prête à le défendre avec courage contre tous ceux qui tenteroient de le lui ravir. Il faut que les mœurs reprennent leur empire, parce que sans les mœurs plus de liberté ; et, je le dis à regret, nous sommes à ce point de corruption, qu'il sembleroit que les principes d'honneur ont disparu , et que chez certains hommes dont la conduite peut être connue et les actions évaluées , on les trouve dans une proportion tellement exacte avec l'intérêt, que l'on peut sans crainte d'erreur , faire le

tarif de leurs probités. Il faut réveiller dans cette
partie de la jeunesse destinée à défendre la patrie,
cet enthousiasme qui a produit tant de héros, et
par le choix bien dirigé des chefs qui doivent la
commander, lui inspirer cette confiance qui fut
autrefois le précurseur assuré de nos triomphes, et
de la gloire du nom Français. Il faut déployer avec
sévérité toute la rigueur des lois contre ces fonctionnaires publics, à quelque poste qu'ils soient
élevés, qui n'auroient usé du pouvoir et de l'autorité dont ils ont été investis, que pour trahir le
peuple et l'immoler à leur ambition, ou à leur
sordide et insatiable cupidité. Il faut arracher le
masque des intrigans ; ils sont la cause essentielle
des maux que nous avons à réparer. Enfin il faut
restituer à la presse cette liberté qui, à l'aurore
de la révolution, enfanta des prodiges ; liberté à
laquelle nous sommes redevables des progrès de
l'esprit humain, et sans laquelle nous gémirions
encore dans les fers de l'esclavage ; il faut en un
mot que le domaine de l'opinion, n'étant plus cir-
conscrit, n'ait d'autres limites que la sévérité des
peines réservées au mensonge et à la calomnie.

Pourroit-on ne pas céder à ce vœu d'autant
plus pressant, que les circonstances le comman-
dent ? Seroit-on arrêté par la puérile crainte que
pourroient inspirer ces frelons littéraires, ces enfans perdus, ou plutôt abandonnés du génie et
des arts ; ces hommes à qui le sentiment de l'honneur fut toujours étranger, et qui, trafiquant

d'une marchandise dont ils ne connoissent pas le prix, la réputation, vivent des sottises et des calomnies qu'ils débitent, aux dépens des imbécilles qui les achètent. Semblables à ces vils insectes, auxquels une intempérative chaleur donne le jour, leur piqûre peut être importune, mais jamais vénimeuse. Il est un remède connu pour s'en préserver ; on le trouvera dans le stoïcisme de nos premiers législateurs, et j'aime à le citer pour exemple. Inondés à cette époque de la révolution, des écrits et des diatribes les plus virulentes, leur contenance a été la même. S'oubliant eux-mêmes et s'occupant peu de ce que l'on disoit d'eux, ils jetoient les premiers fondemens de notre liberté, et le mépris le plus silencieux fut toujours leur réponse. L'homme irréprochable ne craint point la calomnie ; toujours il la fera pâlir, toujours il sera au-dessus d'elle.

Je me repais, en terminant, de cette illusion aussi flatteuse qu'elle est consolante ; j'aime à croire que l'on se hâtera de donner une nouvelle existence aux principes que j'ai développés, et qu'en les mettant en action, on préparera ces temps heureux où nous ne serons plus que ce que nous devons être, une grande famille, dont les individus ne connoîtront d'autre loi que le besoin de l'ordre, d'autre plaisir que la bienfaisance, et d'autre bonheur que l'égalité. Les despotes jadis entouroient leurs statues de bronze de l'image des nations enchaînées, et le peuple français ne sera

environné que de l'image des vices asservis et des
vertus triomphantes. C'est alors, ouï, c'est alors
que, servant de modèle aux nations étonnées, en
arrachant leur admiration, nous les contrain-
drons moins par la force des armes, que par
l'exemple de nos vertus, à nous imiter. C'est
alors enfin que nous jouirons du spectacle le
plus touchant pour une ame sensible ; c'est de
voir après la lutte pénible que nous avons sou-
tenue, après la carrière fatiguante que nous
avons fournie ; c'est, comme le dit un philantrope
révéré, de voir sous les auspices de la paix, de
cette paix si désirée, que l'humanité, l'olive à la
main, conduite par l'amitié, suivie par la con-
corde, répande sa douce influence dans le cœur
de tous les mortels, et fasse de tous les peuples,
devenus libres, un peuple d'amis, un peuple de
frères, et les range tous sous l'étendart de la
liberté.

Voilà les vérités que j'avois à dire : je sais
qu'elles ne plairont pas à tout le monde ; mais
que m'importe ? Je ne crains ni la censure ni la
vengeance de ceux à qui elles pourront déplaire ;
la pureté de mes intentions me rassure. J'aime
ma patrie ; voilà mon excuse : son bonheur et sa
prospérité sont l'objet de mes vœux ; trop heureux si, au prix de mon sang, je pouvois lui
procurer la jouissance de l'un, et lui assurer la
possession de l'autre.

F I N.